Der Kinderbuchverlag Berlin

Uwe Kant

Wie Janek eine Geschichte holen ging

Illustrationen von Egbert Herfurth

ISBN 3-358-01325-1

5. Auflage 1989

Lizenz-Nr. 304-270/218/89
Typographie: Günter Jakobi
Gesamtherstellung: Grafischer Großbetrieb Sachsendruck Plauen
LSV 7527
Bestell-Nr. 630 903 8
00540

Eines Abends waren die Geschichten alle. Der Vater suchte. Die Mutter suchte. Janek saß im Bett und wartete. Der Vater konnte keine Geschichte finden. Die Mutter konnte keine Geschichte finden. Janek konnte gar nicht richtig einschlafen ohne Geschichte.

Am nächsten Morgen ging er lieber gleich selbst zum Geschichtenmacher hin.

Die Geschichtenmacherei war neben dem Blumenladen gegenüber vom Hutgeschäft. Sie war geöffnet von 8 Uhr bis 8 Uhr. Am Mittwoch war sie geschlossen. Der Mittwoch war der Unruhetag. Das stand an der schmalen grauen Tür geschrieben.

Der Geschichtenmacher
hatte eine dünne goldene Brille auf
trug ein buntkariertes Hemd
saß hinter einem Schreibtisch mit gebogenen Beinen
sprach mit
einem schwarzmähnigen Löwen.

Guten Tag, sagte Janek. Er guckte dabei den Geschichtenmacher an. Den Löwen guckte er fast überhaupt nicht an. Er kannte nämlich das feine Benehmen.

Komme
gleich
wieder!
G.

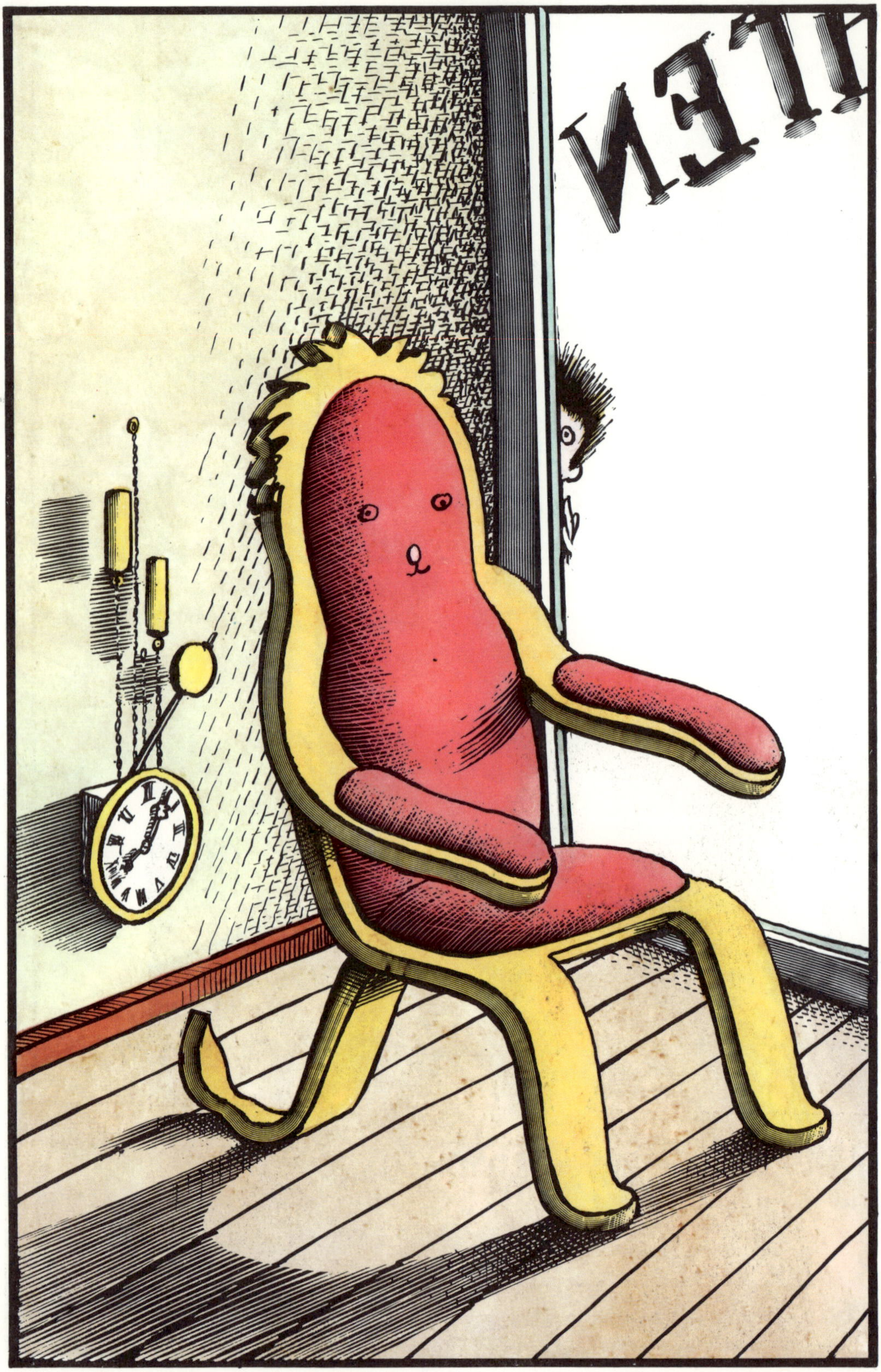

Oho, sagte der Geschichtenmacher. Wir kriegen Besuch. Das ist schön. Bitte nehmen Sie Platz, lieber Herr.

Der Löwe verschwand. An seiner Stelle erschien ein hübscher kleiner Sessel. Aber der Löwe hatte Janek viel besser gefallen. Löwen und Elefanten gefielen ihm immer besser als Sessel und Sofas.

War hier nicht eben noch ein Löwe? fragte Janek.

Ja, ja, sagte der Geschichtenmacher, nichts als Ärger hab ich mit dem. Der macht mich noch ganz kaputt, dieser Löwe.

Aber warum, fragte Janek. Er hat doch nicht einmal gebrüllt.

Fehlte noch, sagte der Geschichtenmacher, hab ich ihm abgewöhnt.

Und nicht die Zähne gezeigt.

Fehlte noch, sagte der Geschichtenmacher, hab ich ihm ausgetrieben.

Und nicht mit der Tatze geschlenkert.

Fehlte noch, sagte der Geschichtenmacher, hab ich ihm streng verboten.

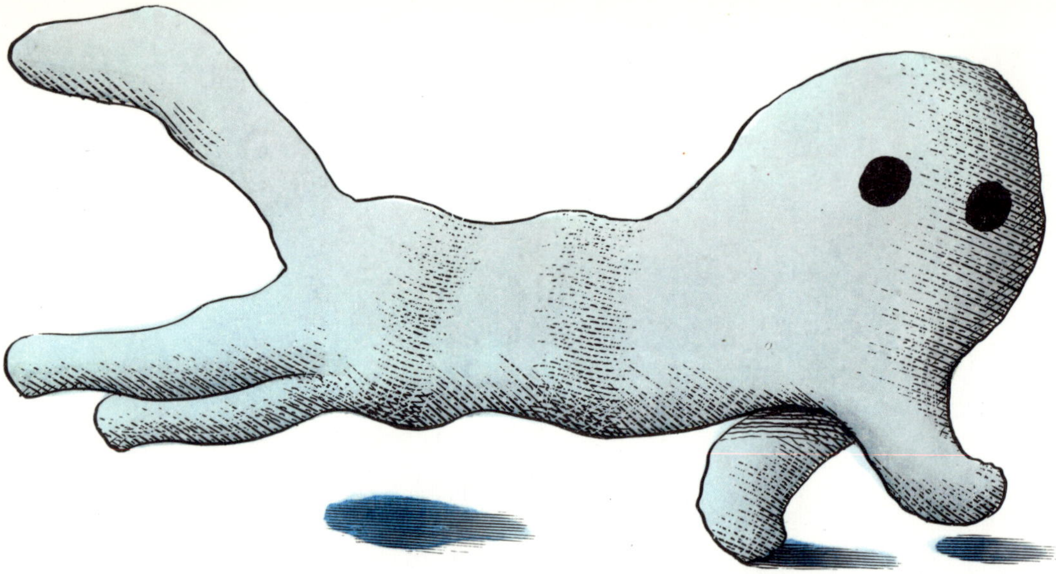

Aber was soll er denn, fragte Janek.

Ängstlich soll er sein, sagte der Geschichtenmacher. Es handelt sich nämlich um den ängstlichen Löwen aus der Geschichte vom ängstlichen Löwen.

Ach herrje, sagte Janek. Er wollte nach Hause gehen. Dieser Geschichtenmacher hatte bestimmt keine Ahnung. Der konnte sicher keine anständigen Geschichten machen. Ein ängstlicher Löwe. So etwas.

Weil Janek aber das feine Benehmen kannte und auch sehr hilfreich war, sagte er noch etwas.

Er sagte: Man muß eine Feldmaus nehmen. Oder eine ganz kleine Ente.

Ja, ja, ja, ja, ja, sagte der Geschichtenmacher erzürnt, oder einen ganz winzigkleinen Floh, was?

Ja, sagte Janek.

Nein, nein, nein, nein, nein, sagte der Geschichtenmacher noch erzürnter. Ich mache eine Geschichte

zum Verwundern
zum Erstaunen
daß euch der Mund offen bleibt
daß ihr runde Augen kriegt
daß ihr lange Ohren macht.

Dafür brauche ich keine ängstliche Maus, sondern einen ängstlichen Löwen, verstehst du?

Janek überlegte sich die Sache ein bißchen und sah, daß der Geschichtenmacher recht hatte.

Ja, sagte er, doch, das stimmt. Ist sie bald fertig?

Der Geschichtenmacher machte ein betrübtes Gesicht und bewegte langsam den Kopf von links nach rechts und von rechts nach links. Zugleich erschien auf seinem Schreibtisch ein hübsches kleines Telefon und fing an laut und schrill zu klingeln.

Ah, sagte Janek, jetzt ruft bestimmt deine Oma an.

Hah, sagte der Geschichtenmacher, schön wär's.

Von irgendwoher aus der Luft griff er ein extradickes, kuschliges, rotweißkariertes Federkissen. Er deckte damit das Telefon sehr schön zu wie einen kranken Teddybären.

Hat es Fieber? fragte Janek, muß es schwitzen?

Es stört mich, sagte der Geschichtenmacher, ich habe zu arbeiten. Muß Geschichten machen.

Janek bekam einen Schreck. Vielleicht störte er auch? Vielleicht wurde er auch gleich mit einem karierten Kissen zugedeckt?

Und war doch froh, daß er das Aufstehen und Waschen und Anziehen schon hinter sich gebracht hatte.

Ja, sagte er, ich muß auch noch viel arbeiten, die ganze Kiste muß ich noch aufräumen. Ich hol bloß die neue Geschichte ab, und dann gehe ich gleich nach Hause. Ganz bestimmt. Ehrenwort.

Das wird ja immer schöner, sagte der Geschichtenmacher grimmig, jetzt holen sie die Geschichten schon selber ab.

Aber dann mußte er doch herzhaft lachen. Mit einem Mal hatte er seinen weißen Kittel an. Er sagte:

Aufgepaßt, Janek, dachte Janek, jetzt haben wir ihn, jetzt mach bloß schnell.

Die Geschichte, sagte er
soll sich in der Wüste Sahara zutragen
Pfirsichbäume sollen darin wachsen
Raketen sollen hindurchfliegen
ein Eisbär
ein singender Schneemann
zwei Jungpioniere

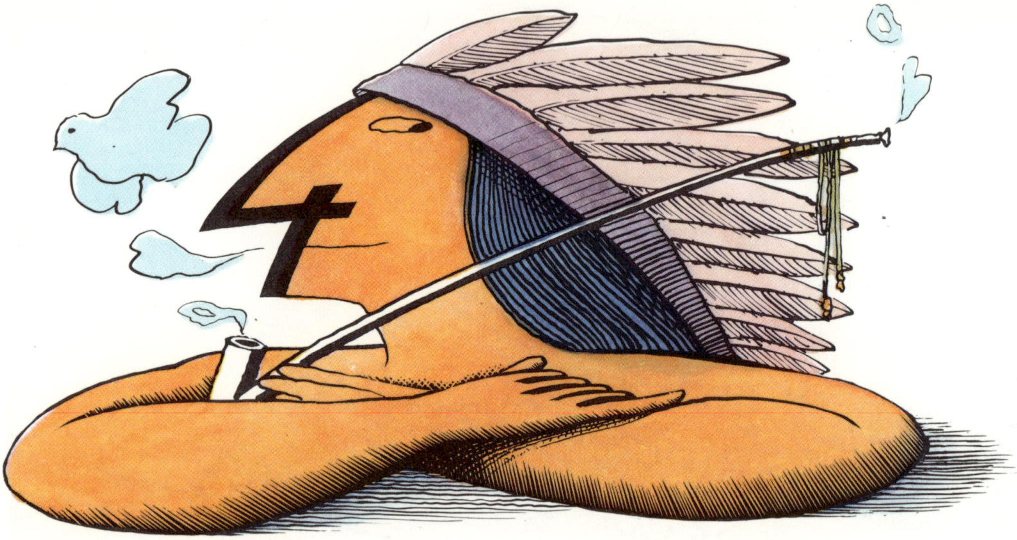

vier Indianerhäuptlinge
und achtundachtzig Blechritter
sollen darin mitspielen.

Ach du lieber Schreck, sagte der Geschichtenmacher. Er kniff ein Auge zu und zeigte mit dem Daumen auf die weiße Wand hinter sich.

Da war schon die Wüste, nichts als Sand, und die Luft flimmerte von Hitze. Silberfarbene Raketen wuchsen aus dem Sand, ein paar Pfirsichbäume flogen nette Kurven um sie herum.

Nein, nein, sagte Janek, umgekehrt!

Ja, ja, sagte der Geschichtenmacher, das wird gleich verbessert.

Und gleich auch saßen im Kreis herum unter einem der Pfirsichbäume vier Indianerhäuptlinge von sehr würdigem Aussehen.

Der erste Häuptling sagte: Möchte bloß wissen, was wir hier sollen.

Der zweite Häuptling sagte: Eine urstige Hitze ist das hier.

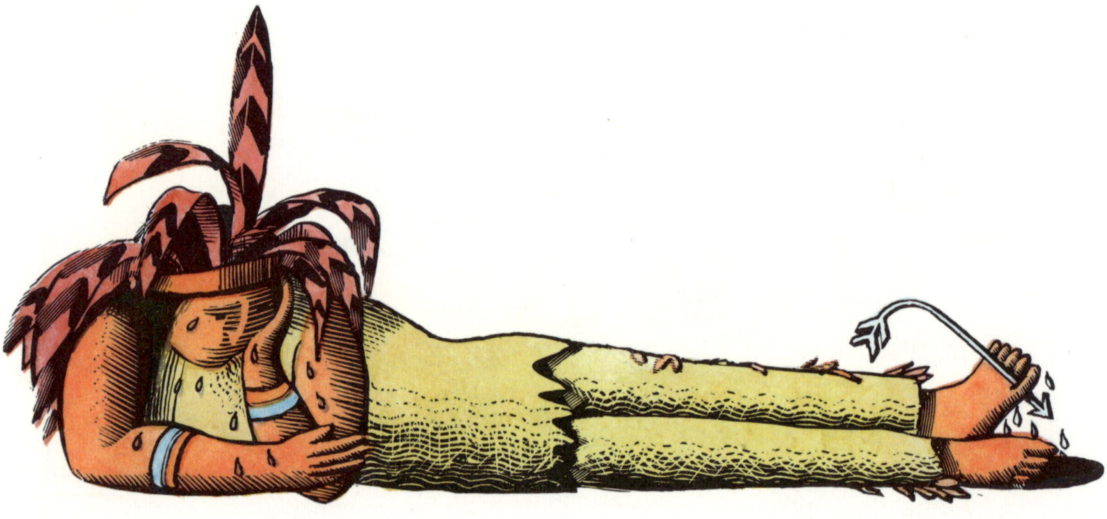

Der dritte Häuptling sagte: Icke hol mir gleich ’ne Cola.

Der vierte Häuptling sagte: Eisern Union. Hehahe BFC.

Der Geschichtenmacher verdrehte die Augen. Janek wollte sagen, daß mit diesen Häuptlingen auch irgend etwas nicht stimmte.

Aber nun kam schon ein tropfnasser Schneemann herangestapft. Der sang mit trauriger Stimme das lustige Lied „Immer lebe die Sonne“ und wurde zusehends dünner dabei. Bald darauf erhob sich ein

ganz gräßliches Gerassel, Geschepper und Gepolter. Die achtundachtzig Blechritter waren tüchtig bei der Arbeit. Zickzack, rumsdischrums hieben sie fleißig mit allerhand Piken und Beilen und Schwertern aufeinander ein, daß die Funken nur so flogen. Zum Schluß kamen noch die beiden Jungpioniere. Der eine sah aus wie Lolek aus Polen.

Er sagte: Was ist denn hier los?

Der andere sah aus wie Bolek aus Polen.

Der sagte: Hier ist vielleicht was los!

Und sie guckten einander ratlos an. Auch Janek und der Geschichtenmacher guckten einander ratlos an.

Jetzt aber ist Schluß mit dem Durcheinander, sagte der Geschichtenmacher,
so geht das nicht!

Nein, sagte Janek,
aber wie geht es denn?

Eine Geschichte geht mehr so wie eine Blume, weißt du? Ein Samenkorn, ein Keim, ein Stengel, kleines Blatt, großes

Blatt, schöne Blüte. Und alles gehört zusammen, und überall ist der gleiche Saft drin.

Und braucht sie auch Sonne? fragte Janek.

Natürlich, sagte der Geschichtenmacher, wie soll sie ohne Sonne auskommen? Die Sonne – das bist du. Wenn du die Geschichte anguckst und ihr auch gut zuhörst, dann fängt sie erst so richtig an zu grünen und zu blühen.

Das gefiel dem Janek sehr gut. Es machte ihm Spaß, daß er eine Sonne für eine Geschichte sein sollte.

Aber meine sind alle, sagte er, ich brauche wirklich eine neue.

Ja, ja, sagte der Geschichtenmacher, ich weiß schon. Das haben wir gleich. Wir machen einfach eine Geschichte von dir und von mir.

Auf dem Schreibtisch mit den gebogenen Beinen erschien eine hübsche kleine Schreibmaschine. Klippklapp schrieb sie auf einen schneeweißen Bogen die Worte

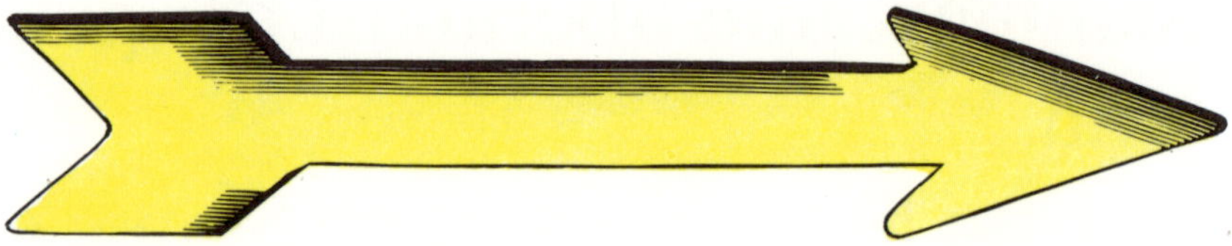

Ja, das ist gut, sagte der Geschichtenmacher zur Maschine. Und zu Janek sagte er: Erzähl mal, wie es angefangen hat.

Janek erzählte, der Geschichtenmacher nickte, und die Maschine schrieb alles auf.

„Eines Abends waren die Geschichten alle. Der Vater suchte. Die Mutter suchte. Janek saß im Bett und wartete."

Janek, der Geschichtenmacher und die hübsche, kleine Schreibmaschine hatten noch lange zu tun mit Fragen und Sagen und Aufschreiben. Wir können nicht so lange dabei bleiben. Die letzten Sätze der neuen Geschichte aber hießen:

Wie Janek
eine Geschichte
holen ging

„Janek, der Geschichtenmacher und die hübsche, kleine Schreibmaschine hatten noch lange zu tun mit Fragen und Sagen und Aufschreiben. Wir können nicht so lange dabei bleiben. Die letzten Sätze der neuen Geschichte aber hießen:
Janek, der Geschichtenmacher und die hübsche kleine Schreibmaschine hatten noch lange zu tun mit Fragen und Sagen und Aufschreiben. Wir können nicht so lange dabei bleiben. Die letzten Sätze der Geschichte aber hießen…“

Na, du weißt schon. Und wenn Janek, der Geschichtenmacher und die hübsche kleine Schreibmaschine alles richtig gemacht haben mit der Geschichte und du sie richtig anguckst und ihr gut zuhörst, dann grünt und blüht sie noch heute.

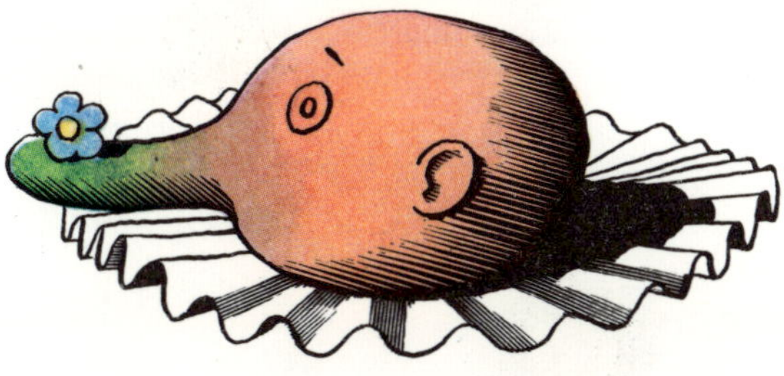